Shado

Let's Speak Tswana!

***

Instant Immersion

Translated by: Mari Sekgota

**Download the audio recordings at:
soundcloud.com/instantimmersion

This book is available in the following translations:

Kurdish

Tswana (Setswana)

Kinyarwanda (Rwanda)

Georgian

Mingrelian

Zaza (Zazaki)

Mongolian

***

Alphabet

a – as in f**a**ther
b – as in **b**aby
ch – as in **ch**urch
d - as in **d**ebt
e - like the **ey** in th**ey** or like the **e** in b**e**gin
ê – as in th**e**re
f – as in **f**ar
g – like the sound made when you pull snot into your mouth before spitting.
h – as in **h**ouse
i – like the **ee** in d**ee**p
j - as in **j**ug
k – as in **k**ind
l – as in **l**ine
m - as in **me**
n – as in **n**ame
o – as in b**o**at or like the **u** in p**u**t
ô – like the **ou** in **ou**ght
p – like the **p** in **p**ain
ph - like the **p** (with aspiration) in **p**each
r – **rolled r** like in the Spanish word **r**ojo
s – as in **s**it
t – as in s**t**eak
u – as in r**u**de
w – as in **w**ater
x - a palatal click
y – as in **y**et

***

Consonant Clusters

th - like the **t** (with aspiration) as in **t**ake
tl - as in A**tl**anta
tlh - **tl** (with aspiration)
ts - like the **ts** in ma**ts**
tsh – **ts** (with aspiration)

Puisanyo ya nhla

(Go ya Boemafofane)

1) Qetelong wa be wa fihla! Naa ne o tswarelletse ke eng sebaka se se kanangkanang Ben? Ke go letile tekano ya metsotso e mashome a ma bedi.
2) Metsostso ye mashome a ma bedi? Naa o lekile go nletsetsa mo mogaleng?
3) Ke go letseditse!? Ke go letseditse makga a go lekana lekgolo!
4) Go lokile... phola. Naa o ka ba o letseditse nomoro yaka ya mohala ya kgale kapa nomoro e ntsha? Ke fetotse nomoro yaka ya mohala Tokello, naa wa gopola?
5) Haha, ke lebetse. Ka nnete ke sethoto.

Dialogue One
(Driving to the Airport)

1) You're finally here! What took you so long Ben? I've been waiting for twenty minutes.
2) Twenty minutes? Did you call my phone?
3) Did I call your phone?! I called you a hundred times!
4) Okay okay... relax. Did you call my old phone number or my new phone number? I changed my phone number Tokello, remember?
5) Haha, I forgot. I'm such an idiot.

Glossary
finally – qetelong
to wait – go leta
to call – go letsa
to relax – go phola
old – kgale
new – ntsha
to remember – go gopola
to forget – go lebala
idiot - sethoto

Puisanyo ya bo bedi

(Ke lebetsi sutukheisi yame)

1) Ke sefatanaha sa gao sena?
2) Aowa, ke sefatanaha sa ntate waka.
3) Ke rata mmala wa yona.
4) Kea leboga. Naa o nka sutukheisi e le nngwe fela?
5) Aowa, kena le tse pedi.
6) Hmm... Nna ke bona e nngwe fela Ben...
7) Helang! Ke tlogetsi enngwe ka phaphusheng yame. Kea bowa.
8) Haha, go lokile.

Dialogue Two

(I Forgot My Suitcase)

1) Is this your car?
2) No it's my dad's car.
3 I like the color.
4) Thanks. Are you only taking one suitcase?
5) No I have two.
6) Hmm... I only see one suitcase Ben...
7) Oh no! I left the other one in my bedroom. I'll be right back.
8) Haha, okay.

Glossary

car – sefatanaha
dad – ntate
to like – go rata
one – nngwe
two – pedi
color – mmala
to take – go nka
suitcase – sutukheisi
bedroom - phaphusi

Puisanyo ya bo raro

(Ke lebetsi Passporto yame)

1) Go lokile, ke thotsi sutukheisi yame.
2) Ke hantle, ha re ye boemafofaneng.
3) Ema, ke lebetse se sengwe gape.
4) Eng?
5) Passporto yame. Ema motsotswana o le nngwe fela. Ke tla e lata.
6) Ka nnete? O tlo tlhaela sefofane sa gao.

Dialogue Three
(I Forgot My Passport)

1) Okay, I got my suitcase.
2) Great, let's go to the airport.
3) Wait, I forgot something else.
4) What?
5) My passport. Wait one second. I'll go get it.
6) Seriously? You are going to miss your flight.

Glossary
great – gantle
to go – go ya
to wait – go ema/leta
passport – passporto
seriously – ka nnete
to miss – go tlhaela

Puisanyo ya bo nne

(Ke loketsi go tsamaya)

1) Go lokile, ke se ke lokile bjanong.
2) Naa o nnetefaditse? Nne ke nahana gore o lokisitse tsotlhe maobane.
3) Ee, ke lokisitse.
4) Gona, Bothata ke eng.
5) Ga ke isti, ke tshohile fela.
6) O tshohile? Go baneng?
7) Ga ke istsi. Ga ke soka ka ya Botswana.
8) O se ke wa tshwenyega. O tlo go rata nageng yame!
9) Ka nnete?
10) Ee, ntshepe. O sa batle go bowa gae.
11) Haha, ke e kutlwa ke le botoka janong.
12) Ke buwa nnete. O tlo e psina!

Dialogue Four
(I'm Ready to Go)

1) Okay, I'm ready now.
2) Are you sure? I thought you prepared everything yesterday.
3) I did.
4) Well, what's the matter?
5) I don't know. I'm just nervous.
6) You're nervous? Why?
7) I don't know. I've never been to Botswana.
8) Don't worry. You will love my country!
9) Really?
10) Yes, trust me. You will not want to come back.
11) Haha. I feel much better now.
12) I'm serious. You will have a great time.

Glossary

ready – lokile
to prepare – go lokisa
everything – tsothle
yesterday – maobane
nervous – tshohile
why – gobaneng
to know – go itsi
country – naga
to trust – go tshepa
to want – go batla
to come – go tla
to feel – go ikutlwa
better – botoka
time - nako

Puisanyo ya bo thlano

(Ke tla go bona ka moraho ga kgwedi)

1) Re fihlile. Etla ke go thuse ka disutukheisi tsa gao.
2) Aowa, ke tla di rwala.
3) Naa o nnetefadiste?
4) Ee. Ke lebogela tsohle.
5) Ga gona bothata. Ke tla go bona ka moraho ga kgwedi?
6) Kgwedi!? Aowa, dibeke tse pedi!
7) Haha. O tlo batla go dula sebaka nyana. Ntshepe.

Dialogue Five

(I'll See You in a Month)

1) We are here. Let me help you with your suitcases.
2) No, I can carry them.
3) Are you sure?
4) Yes. Thanks for everything.
5) No problem. I'll see you in a month?
6) A month?! No, two weeks
7) Haha. You will want to stay longer. Trust me.

Glossary

to help – go thusa
to carry – go rwala
problem – bothata
to see – go bona
month – kgwedi
longer - Sebakanyana

Puisanyo ya bo thataro

(Melawo ya di Passporto)

1) Dumela.
2) Dumela. Ke kopa passporto ya gao.
3) Ke ye.
4) Naa o fofela ko kae?
5) Go ya Botswana.
6) Naa go na le eng ka mo gare ga mokotlana wa gao?
7) Diaparo, kamera, le xixingiwa.
8) Ka kopo mpontshe kamera le xixingiwa tsa gao, ke batla go di lekola.
9) Le kgale. Ke tse.
10) Naa ke tsa gao?
11) Ee, ke tsa me.
12) Ho lokile. Tsohle di bonala di siame. Passporto ya gao ke ye. O fofe ga monate.
13) Kea leboga.

Dialogue Six
(Passport Control)

1) Hi.
2) Hello. Your passport please.
3) Here it is.
4) Where are you flying?
5) To Botswana.
6) What's in your backpack?
7) Clothes, a camera, and a laptop.
8) Please show me the laptop and camera. I need to examine them.
9) Sure. Here you go.
10) Are they yours?
11) Yes they are mine.
12) Okay, everything looks good. Here's your passport. Have a nice flight.
13) Thank you.

Glossary
please – ka kopo
here – mona
to fly – go fofa
backpack – mokotlana
clothes – diaparo
camera – kamera
laptop – xixingiwa
to show – go bontsha
to examine – go lekola
to look / to appear – go bonagala

Puisanyo ya bo supa

(Sefofaneng)

1) Naa o ka thabela sengwe sa go nwa?
2) Ee. Ke kopa metsi.
3) Ke ano.
4) Ke lebogile thata.
5) O amogelegile.
6) Naa o na le di monamonane?
7) Ee, re na le tshisi le marothwana. Naa o ka di thabela?
8) Ee hle.
9) Ke tseno.
10) Kea leboga.

Dialogue Seven
(On the Plane)

1) Would you like something to drink?
2) Yes. Water please.
3) Here you go.
4) Thank you very much.
5) You're welcome.
6) Do you have any snacks?
7) Yes, we have cheese and crackers. Would you like some?
8) Yes please.
9) Here you go.
10) Thank you.

Glossary
something – sengwe
to drink – ho nwa
water – metsi
thank you – kea leboga
very – thata
snacks – dimonamonane
to have – N/A
cheese – tshisi
crackers – marotwana
yes - ee

Puisanyo ya bo robedi

(Go Nka Taxi go ya hoteleng)

1) Dumela. Ke kopa o nkise mane hoteleng ya gaufi nyana.
2) Le kgale. E tla ba 50 pula.
3) Ke na le di dollara tsa Amerika fela.
4) Go lokile. Kea amogela tshelete ya botswantle.
5) Go lokile. Naa ke bokae ka di dollara tsa Amerika?
6) 5 dollars.
7) Ke eno.
8) Kea leboga. Re be re fihlile mane ka metsotso e thlano.

Dialogue Eight
(Taking a Taxi to the Hotel)

1) Hello. Can you take me to the nearest hotel please?
2) Sure. It will cost 50 pula.
3) I only have U.S. dollars.
4) That's fine. I accept foreign currency.
5) Ok. How much is it in U.S. dollars?
6) 5 dollars.
7) Here you go.
8) Thanks. We will be there in five minutes.

Glossary
nearest – gaufi nyana
hotel – hotele
to cost – go lefa
to accept – go amogela
only – fela
foreign – botswantle
currency – tshelete
five - thlano

Puisanyo ya bo robongwe

(Go buwela phaphusi ya Hoteleng)

1) O amogelegile. Naa nka ho thusa bjang?
2) Ke hloka phaphusi ya masihu a ma tlhano.
3) Bethe e le nngwe kapa tse pedi?
4) E le nngwe fela.
5) Ke kopa go bona passporto ya gao?
6) Le kgale. Ke eno.
7) Kea leboga.

Dialogue Nine

(Reserving a Hotel Room)

1) Welcome. How can I help you?
2) I need a room for five nights.
3) One or two beds?
4) Just one.
5) May I see your passport please?
6) Certainly. Here it is.
7) Thank you.

Glossary
to help – go thusa
bed – bethe
certainly – le kgale

Puisanyo ya bo lesome

(Go duella phaphusi ya hotele)

1) Tekano ya gao ke 500 Pula.
2) Eno ke bokae ka di dollar tsa Amerika?
3) 46 dollars.
4) Go lokile.
5) Naa o tla duella bokae kajeno?
6) Kena le karata yame ya sekoloto.
7) Ke kopa go e bona.
8) Le kgale. Ke eno.
9) Kea leboga. Senotlolo sa phaphusi ya gao ke seno. Nomoro ya phaphusi ya gao key a bo lesomerobedi. E mona ho lefase la bo nhla.
10) Kea leboga.
11) Ema, o se ke wa lebala karat ya gao ya sekoloto.
12) Helang, kea leboga. O be le bosigo bo bontle.
13) Le wena fela jalo.

Dialogue Ten
(Paying for the Hotel Room)

1) Your total is 500 Pula.
2) How much is that in US dollars?
3) 46 dollars.
4) Okay.
5) How will you be paying today?
6) I have my credit card.
7) May I see it please.
8) Of course. Here you go.
9) Thank you. Here is your room key. Your room is number eighteen. It's here on the first floor.
10) Thanks.
11) Wait. Don't forget your credit card.
12) Oh, thanks. Have a good night.
13) You too.

Glossary

total – tekano
how much – bokae
to pay – duella
today – kajeno
of course – le kgale
room – phaphusi
key – senotlolo
eighteen - lesomerobedi
first – nhla
floor – lefase
to forget – go lebala
good – sentle
night - bosigo

Puisanyo ya bo lesomenngwe

(Maraka wa gaufi nyana o go kae)

1) Tshwarelo. Naa maraka wa gaufi nyana o go kae?
2) Ga ke itsi, o ntshwarele.
3) Ga o isti? Naa ga o tswe mona?
4) Aowa, ke moeng.

Dialogue Eleven

(Where is the Nearest Market)

1) Excuse me. Where is the nearest market?
2) I don't know, sorry.
3) You don't know? Are you from here?
4) No, I'm a tourist.

Glossary

market – maraka
sorry – tshwarelo
no – aowa
tourist - moeng

Puisanyo ya bo lesomepedi

(Go leka ho thola maraka wa gaufi nyana)

1) Tshwarelo, naa go na le maraka gaufi nyana?
2) Ee. Ke go leba pele. Ke lebile gona jena.
3) Ka nnete?
4) Ee. Naa o batla go tla lenna?
5) Le kgale.

Dialogue Twelve
(Trying to Find the Nearest Market)

1) Excuse me, is there a market nearby?
2) Yes. It's straight ahead. I'm going there now.
3) Really?
4) Yes. Want to come with me?
5) Of course.

Glossary
straight – maleba
ahead – pele
now – gona jena.
with - le

Puisanyo ya bo lesometharo

(Gola marakeng)

1) Naa lebitso la gao ke mang?
2) Ben.
3) Kenna Maseru.
4) Ke thabela go tseba.
5) Lenna. Maraka ke wola. Naa wa kgona go bona?
6) Helang, ke wo mo holo!
7) Ee, ke ya ko teng kgafetsa. O ka thola se o se batlang mole.
8) Ka nnete? Ke se ke thabile janong! Ke hantle.

Dialogue Thirteen
(At the Market)

1) What is your name?
2) Ben.
3) I'm Maseru.
4) Nice to meet you.
5) Likewise. There is the market. Can you see it?
6) Wow, it's huge!
7) Yeah, I go there often. You can find everything you need there.
8) Really? I'm so excited now. This is great.

Glossary
name – lebitso
to meet – go kopana
huge - holo
excited - thabile

Puisanyo ya bo lesomenne

(Ga re eme re nwe Kofi)

1) Hela Ben, ga re thole kofi nyana pele. Naa wa e rata kofi?
2) Kea e rata kofi.
3) Ke gantle. Lebenkele lena le na le kofi e hlwahlwa.
4) Go lokile, ha re kene ka hare.

Dialogue Fourteen
(Let's Stop for Coffee)

1) Hey Ben, lets get some coffee first. Do you like coffee?
2) I love coffee.
3) Great. This café has the best coffee.
4) Ok, let's go inside.

Glossary
coffee – kofi
to love – go rata
café - lebenkele
the best – e hlwahlwa
inside – ka gare

Puisanyo ya bo lesomethlano

(Ka mo lebenkeleng la kofi)

1) Dumela, o amogelegile.
2) Dumela.
3) Naa o ka rata eng?
4) Ke kopa kofi.
5) Tse kae? Tse pedi?
6) Ee, ke kopa dikofi tse pedi.
7) Se sengwe gape?
8) Aowa, kea leboga.

Dialogue Fifteen
(In the Coffee Shop)

1) Hello, welcome.
2) Hello.
3) What would you like?
4) Coffee please.
5) How many? Two?
6) Yes, two coffees please.
7) Anything else?
8) No, thank you.

Puisanyo ya bo lesomethataro

(E Monate!)

1) Maseru, kofi ena e monate!
2) Ke go bolelletsi kare lebenkele lena le na le kofi e hlwahlwa.
3) Ne o nepile.
4) Ke dula ke nepile.
5) Haha.
6) Ga re ye ko marakeng. Go tlo tlala eseng kgale.

Dialogue Sixteen
(It's So Good!)

1) Maseru this coffee is wonderful!
2) I told you this café has the best coffee.
3) You were right(correct).
4) I'm always right(correct).
5) Haha.
6) Let's go to the market. It will be very crowded soon.

Glossary
wonderful /(delicious) – gantle /(monate)
to tell – go bolella.
correct – nepile
soon – ka pele nyana
crowded – go tletsi

Puisanyo ya bo lesomesupa

(Gola Marakeng)

1) Naa o batla go reka eng mole marakeng Ben?
2) Ke batla ho reka mongatse. Ke tlogetsi wame mola sefofaneng.
***
3) Ho lokile, mengatse e ka mona. Nsale moraho.
4) Dumela. Naa ke bokae mengatse ya gao?
5) Hleng, o batla mongatse o mo holo kapa o mo nyenyane?
6) Ke hloka o mo holo. Hloho yame ke e kgolo.
7) Hahaha!
8) Ke eng? Ke nnete. Kena le hlogo e kgolo.
9) Ona ke mongatse o mo holo o ke nang le ona. Ke 30 Pula
10) Oa tura!
11) Hleng, o ka se thole wa theko ya ka tlase go yena.
12) O buwa nnete Ben, O tlamehile o reke mongatse wona.
13) Go siame, ke ana madi a teng.
14) Kea leboga. O nne le letsatsi le lentle.
15) Le wena fela jalo.

Dialogue Seventeen
(At the Market)

1) What do you want to buy from the market Ben?
2) I want to buy a hat. I left mine on the plane.
3) Ok, the hats are this way. Follow me.
***
4) Hello. How much are your hats?
5) Well, do you want a big hat or a small hat?
6) I need a big one. My head is huge.
7) Hahaha!
8) What? It's true. I have a big head.
9) This is the biggest hat I have. It's 30 pula.
10) That's expensive!
11) Well, you will not find a cheaper price.
12) She's right Ben. You should buy the hat.
13) Ok, here's the money.
14) Thank you. Have a good day.
15) You too.

Glossary
hat – mongatse
big – kgolo
small – nyenyane
biggest – holo holo
expensive – tura
cheaper – rekega
price - theko
to buy – go reka

Puisanyo ya bo lesomerobedi

(Ke hloka Mogala)

1) O hloka eng se sengwe gape Ben?
2) Ke hloka mogala wo rekegang
3) Go lokile, nsale morago.

Dialogue Eighteen
(I Need a Phone)

1) What else do you need to buy Ben?
2) I need a cheap phone.
3) Ok, follow me.

Glossary
cheap – go rekega

Puisanyo ya bo lesomerobongwe

(Eno ke mogala wa setshamekiso)

1) Ke ena megala.
2) Go lokile, ga ke battle sengwe sa maemo. Tshwarelo ntate, ke ofeng mogala wa go rekega.
3) Ena.
4) Ema motsotso... ena ke mogala wa setshamekiso.
5) O nkopile mogala wa theko e tlase.
6) Hela Ben, o ka o rekela morwa wa gao kapa morwedi wa gao.
7) Ga kena bana.
8) Ka nnete? Naa o na le mengwaga e me kae?
9) Kena le mengwaga e mashomepedi tlhano.
10) Lenna ibile ken a le morwa.
11) Hleng, ga ke so thole mosadi wa maleba.
12) Re tla go tholela mosadi wa maleba.
13) Aowa, ga go hlokagale.
14) Tshwarelo bontate, naa le sa o batla mogala ona kapa aowa?

Dialogue Nineteen
(That's a Toy Phone)

1) Here are the phones.
2) Ok, I don't want anything fancy. Excuse me sir, which phone is the cheapest?
3) This one.
4) Wait a minute... this is a toy phone.
5) You asked me for the cheapest phone.
6) Hey Ben, you can buy it for your son or daughter.
7) I don't have any kids.
8) Really? How old are you?
9) I'm twenty-five.
10) Me too and I have a son.
11) Well, I haven't found the right woman yet.
12) We will find a woman for you.
13) No, that's not necessary.
14) Excuse me gentlemen. Do you want the phone or not?

Glossary

cheap – rekega
phone – mogala
which – efeng
toy – setshamekiso
funny – segisa
child – ngwana
kids – bana
twenty-five – mashomepedi tlhano
son – morwa
to find – go thola
woman - mosadi
gentlemen - bontate

Puisanyo ya bo masomepedi

(Go molelo)

1) Ben, naa o hloka eng se sengwe gape? Ben..? Hela, na o siame na?
2) Ke hloka metsi. Go molelo ele tota!
3) Molelo? Aowa, ga go molelo. Boso bona bo hantle fela.
4) Nna ke utlwa go le molelo.
5) Go lokile, ema mona. Ke tla go tholela metsi.
6) Kea leboga.

Dialogue Twenty
(It's Hot)

1) Ben, what else do you need? Ben...? Hey, are you okay?
2) I need some water. It's so hot!
3) Hot? It's not hot. The weather is perfect.
4) It feels hot to me.
5) Okay, wait here. I will get some water for you.
6) Thank you.

Glossary
hot – molelo
weather – boso
perfect – hantle fela.
cold – bata
to live – go phela
to get – go thola

Puisanyo ya bo masomepedinngwe

(Ke bo mang batho bana kaofela?)

1) Helang banna, o mona!
2) Maseru ke bo mang batho bana kaofela?
3) Ke bakgotsi baka. Ke ne nka se kgone go rwala mesti ana ke le mong. Ke ne ke hloka thuso.
4) Ke hloka fela lebotlolo le le nngwe la mesti.
5) Oho...

Dialogue Twenty-One
(Who Are All These People?)

1) Hey guys, he's over here!
2) Maseru who are all these people?
3) They are my friends. I couldn't carry the water alone. I needed help.
4) I only need one bottle of water.
5) Oh…

Glossary
guys – banna
people – batho
friends – bakgotsi
to carry – go rwala
alone – mong
to need – go hloka
bottle - lebotlolo

Puisanyo ya bo masomepedipedi

(Ga ke gopole)

1) Naa o ikutlwa botoka Ben?
2) Ee, botoka thata.
3) ke thabile. Ne ke tshwenyegile.
4) Gobaneng?
5) Ne ke ithaya gore oa shwa.
6) Haha. Ke siame, kea leboga. Hela, Na wena ne o batla go reka eng gotswa marakeng?
7) Hmm... Ga ke gopole.

Dialogue Twenty-Two
(I Can't Remember)

1) Do you feel better Ben?
2) Yes, much better.
3) I'm glad. I was worried.
4) Why?
5) I thought you were dying.
6) Haha. I'm fine, thank you. Hey, what did you need to buy from the market?
7) Hmm... I can't remember.

Glossary
to worry – go tshwenyega
to think – go nagana
to die – go shwa.

Puisanyo ya bo masomepeditharo

(Naa o nna ko kae)

1) Ke leboga thuso ya gao.
2) Ke dula ke thabetsi go thusa. Naa o hloka se sengwe gape?
3) Aowa. Ke bowela hoteleng yame ho ile phomola. Ke kgathetsi ele tota.
4) Ke tla sepela le wena go ya hoteleng ya gao.
5) Aowa. Go lokile. Ke gaufi.
6) Hleng, ke sa batla go tsamaya le wena.
7) Go lokile.

Dialogue Twenty-Three
(Where Are you Staying?)

1) Thank you for your help.
2) I'm always happy to help. Do you need anything else?
3) No. I'm going back to my hotel to rest. I'm really tired.
4) I will walk you to your hotel.
5) No, it's okay. It is nearby.
6) Well, I still want to walk with you.
7) Okay.

Glossary
always – nako yohle (context)
happy – (thabile)
to rest - phomola
tired – kgathetsi
nearby – gaufi
to walk – go tsamaya

Puisanyo ya bo masomepedinne

(Ke ena hotele yame)

1) Ke ena hoteleng yame.
2) Hauweng, e lebega ele pila ka nnete. Ke bokae go nna mona.
3) Uh…
4) Uh…? Bokae?
5) 500 Pula.
6) Eeeng?! Ea tura!
7) Hleng…
8) Ken a le phaphusi enngwe mo ntlung yame. O ka nna le ba lelapa laka.
9) Aowa, go siame.
10) Ka kopo.
11) Go lokile, ga ebane wa gatella.
12) Kea gatella. Ke tla bow aka 6 o'clock ke tlo go lata.
13) Go siame. Kea leboga.
14) Ema. Nka nomoro yaka ya mogala, o letse ga eba o hloka sengwe.

Dialogue Twenty-Four
(Here Is My Hotel)

1) Here is my hotel.
2) Wow, it looks really nice. How much does it cost to stay here?
3) Uh…
4) Uh…? How much?
5) 500 Pula.
6) Whaaaat?! That's expensive!
7) Well…
8) I have an extra room at my apartment. You can stay with my family.
9) No, it's okay.
10) Please.
11) Okay, if you insist.
12) I insist. I'll be back at six o'clock to pick you up.
13) Okay. Thank you.
14) Wait. Here's my phone number. Call me if you need anything.

Glossary
to stay – go nna
extra - enngwe

Puisanyo ya bo masomepedithlano

(O go kae)

(Ben o litile ko ntle ga hoteling ya gae. O letsetsa Maseru go utlwagoreo go kae.)

1) Dumela?

2) Hela, Maseru. Ke nna, Ben.

3) Hela Ben. Ke maswabi keg ire ke latetswe. Sefatanaga same ne se sa bereki. Ke gaufi le ho fihla.

4) Go lokile, agona pelaelo. Ne ke nagana gore o lebetse ka nna.

5) Ga se ka lebala. Ke tla fihla mo ka morago ga metsotso e thlano.

6) Go siame.

Dialogue Twenty-Five
(*Where Are You?*)

(Ben is waiting outside of his hotel. He calls Maseru to see where he is.)
1) Hello?
2) Hey, Maseru, It's me, Ben.
3) Hey Ben. I'm so sorry that I'm late. My car wasn't working. I'm almost there.
4) Ok, no worries. I thought you forgot about me.
5) I didn't forget. I will be there in five minutes.
6) Okay.

Puisanyo ya bo masomepedithataro

(Maseru oa fihla)

1) Ben, mogwera wame. Ke thabetse go go bona.
2) Lenna ke thabetse go go bona.
3) Nnaye sutukheisi ya gao.
4) Ke tla kgona go e rwala.
5) O se ke w aba le kgang. Ere ke go thuse.
6) Go siame, ke yena. Nna ke tla rwala ena enngwe.
7) Go siame.
8) Ke tsohle?
9) Ee.
10) Go siame, ga re tsamaye.

Dialogue Twenty-Six

(Maseru arrives.)

1) Ben, my friend. I'm happy to see you.
2) I'm happy to see you too.
3) Give me your suitcase.
4) I can carry it.
5) Don't be stubborn. Let me help you.
6) Okay, here. I can carry the other one.
7) Okay.
8) Is that everything?
9) Yes.
10) Okay, let's go.

Glossary

friend – mogwera.
to give – go naya
to carry – go rwala
stubborn – kgang
to help – go thusa

Puisanyo ya bo masomepedisupa

(Go ya ga Maseru)

1) Ben, ka nnete o na le kgang.
2) Ee, kea itsi. Mme waka o buwa jalo nako tso tsohle.
3) Mme wa gao o nepile.
4) Haha.
5) Hela, naa oa o rata mogodu?
6) Ke eng seno?
7) Ke sejo se tummeng mo nageng ya rona. Mosadi waka e phegetsi dijo tsa mantsinbuwa.

Dialogue Twenty-Seven
(Driving to Maseru's Apartment)

1) Ben, you are really stubborn.
2) Yeah, I know. My mom says that all the time.
3) Your mom is right.
4) Haha.
5) Hey, do you like mogodu?
6) What's that?
7) It's a famous dish in our country. My wife made it for dinner. I think you'll like it.

Glossary
mom – mme
famous – go tuma
dish – sejo
wife - mosadi

Puisanyo ya bo masomepedirobedi

(Ntlung ya Maseru)

1) Ke mo ntlung yame mona.
2) Go hlwekile ibile go borutho.
3) Ona ke mosadi waka, Mokgadi.
4) Go monate go go itsi. Kenna Ben.
5) Go monate go go itsi le wena Ben. Kea kgolwa gore o lapile.
6) Ee, ke lapile thata.
7) Ona ke morwa wame, Mosomi.
8) Dumela, kenna Ben.
9) Go monate go go itsi ele tota Ben.

Dialogue Twenty-Eight
(Maseru's Apartment)

1) Here is my apartment.
2) Its so clean and cozy.
3) This is my wife, Mokgadi.
4) Its very nice to meet you. I'm Ben.
5) It's nice to meet you too Ben. I hope you are hungry.
6) Yes, I'm very hungry.
7) This is my son Mosomi.
8) Hello, I'm Ben.
9) It's really nice to meet you Ben.

Glossary
apartment – ntlu
clean – hlwekile
cozy – borutho
hungry – lapile

Puisanyo ya bo masomepedirobongwe

(Go ja dijo tsa mantsibuane)

1) Dijo tsena di monate ele tota Mokgadi!
2) Ke thabela gore oa di rata. Naa o ka thabela tse dingwe gape?
3) Ee, hle.
4) Ke tsena.
5) Ke leboga ruri.

Dialogue Twenty-Nine
(Eating Dinner)

1) The food is amazing Mokgadi!
2) I'm glad you like it. Would you like more?
3) Yes please.
4) Here you go.
5) Thank you so much.

Glossary
food – dijo
amazing / (delicious) – makatsa / (monate)
more – tse dingwe

Puisanyo ya bo masometharo

(O tlo nna sebaka se kanangkanang)

1) Ben, Naa o tlo nna sebaka se kanangkanang mona Botswana?
2) Hantle ntle, kea tsamaya ka morago ga matsatsi a ma bedi.
3) Eng!? Ke ka pele.
4) Ee.
5) Kaosane ke tlamegile ke sebetse, empa morwa wame o tla nna a le teng.
6) Ho siame.
7) A ka go isa kae kapa kae o batlang go yak o teng. Naa o ka thabela sa go fetisetsa?
8) Ke nka thabela sa go fetisetsa.

Dialogue Thirty
(How Long Are You Staying?)

1) Ben, how long are you staying in Botswana?
2) Actually, I'm leaving in two days.
3) What?! That's so soon.
4) Yeah.
5) Tomorrow I have to work, but my son will be here.
6) Okay.
7) He can take you anywhere you need to go. Would you like some dessert?
8) I'd love some dessert.

Glossary
soon – ka pele.
tomorrow – kaosane
dessert – sa go fetisetsa.

Puisanyo ya bo masometharonngwe

(Ke hloka go fetola madi)

1) Hela Mosomi, Naa o istsi mo nka fetolang madi?
2) Ee, go na le banka gaufi nyana. Ke tla go isa ko teng.
3) Nka kgona go e thola.
4) Ke tla go bontsha mo eleng teng. Ase bothata.
5) Ho siame, kea leboga.

Dialogue Thirty-One
(I Need to Exchange Money)

1) Hey Mosomi, do you know where I can exchange some money?
2) Yes, there is a bank nearby. I'll take you there.
3) I can find it.
4) I'll show you where it is. It's not a problem.
5) Okay, thank you.

Glossary
to exchange – go fetola
money - madi
bank – banka
to show – go bontsha

Puisanyo ya bo masometharopedi

(Go fetola madi)

1) Ke mona bankeng. Ke tla go leta fa.
2) Go siame. Kea bowa gona janong.
***
3) Dumela, naa nka fetola madi fa?
4) Ee. Naa o batla go fetola bokae?
5) Didollara tse mashometshela.
6) Go siame. Ke hloka go bona passport ya gao pele.
7) Ke ena.
8) Kea leboga. O rile mashometshela akere?
9) Ee hle. Ke ana madi a teng.
10) Kea leboga. Mphe motsotsoana gore ke fetse sepediso ena.
11) Nka nako ya gao.
12) Ke ana madi a gago ntate. Naa nka go thus aka sengwe hape?
13) Aowa. Kea leboga.
14) O be le letsatsi le lentle.
15) Le wena fela jalo.

Dialogue Thirty-Two
(Exchanging Money)

1) Here is the bank. I'll wait here.
2) Okay. I'll be right back.
***
3) Hello, can I exchange money here?
4) Yes. How much do you want to exchange?
5) Sixty dollars.
6) Okay. I need to see your passport first.
7) Here it is.
8) Thank you. You said sixty right?
9) Yes please. Here is the money.
10) Thank you. Give me one second to complete the transaction.
11) Take your time.
12) Here is your money sir. Can I help you with something else?
13) No, thank you.
14) Have a great day.
15) You too.

Glossary
sixty - mashometshela
to complete – go fetsa
transaction - sepidiso

Puisanyo ya bo masometharotharo

(Ke batla go romela morwalo)

1) Go siame Mosomi. Ke lokile.
2) Ke hantle. Naa o hloka go ya kae ho latela?
3) Ke batla go yak o pos kantorong. Ke batla go romela karata ya poso.
4) Go siame, nsale morago.

Dialogue Thirty-Three

(I Want to Mail a Package)

1) Okay Mosomi. I'm ready.
2) Great. Where do you need to go next?
3) I want to go to the post office. I want to mail a postcard and a souvenir to a friend in Germany.
4) Okay, follow me.

Glossary
next – go latela
post office – pos kantorong
to mail – go romela
postcard – karata ya poso
souvenir – segopotso
Germany – Geremane
to follow – go sala morago

Puisanyo ya bo masometharonne

(Go romela morwalo)

1) Ke ena pos kantoro. Ke tla leta ko ntle.
2) Go siame.
***
3) Naa nka romela morwalo o mo nyenyane le karata ya poso mona?
4) Ee. Ke eng ka gare ga morwalo?
5) Ke segopotso fela.
6) Go siame.
7) Naa o romela mang sena?
8) Mogwera wame. Adrese ke ena.
9) Munich? Hmm. Gao shebagale ole Legeremane ho naa.
10) Ga ke ena. Ken a le mogwera o a nnang ko Munich.
11) Kea utlwisisa janong.
***
12) Go yiwa kae go latela Ben?
13) Ga re ye gae. Ke hloka go phutha dintho tsame.

Dialogue Thirty-Four

(Mailing a Package)

1) Here is the post office. I'll wait outside.
2) Okay.
**
3) Can I mail a small package and a postcard here?
4) Yes. What's inside the package?
5) Just a souvenir.
6) Okay.
7) Who are you sending this to?
8) My friend. Here is the address.
9) Munich? Hmm. You don't look German to me.
10) I'm not. I have a friend that lives in Munich.
11) Now I understand.
***
12) Where to next Ben?
13) Let's go home. I need to pack my things.

Glossary

to send – go romela
address – adrese
to live – go nna
to understand – go utlwisisa
home – gae
to pack – go phutha
things - dintho

Puisanyo ya bo masometharothlano

(Ke lebogela tsohle)

1) Maseru, Mokgadi le Mosomi, Ke lebogela tso tsohle.
2) E ne e le serati... hela, ke mang a letsang ko ntle?
3) Ke nagana gore ke taxi yame.
4) O biditse taxi? Ga o hloke taxi. Re tla go isa go boemafofaneng.
5) Ka nnete?
6) Le kgale! Tlisa merwalo ya gao re sepele.
7) O lokile ele tota.

Dialogue Thirty-Five
(Thank You for Everything)

1) Maseru, Mokgadi, and Mosomi thank you for everything.
2) It was a pleasure... Hey, who is honking outside?
3) I think it's my taxi.
4) You called a taxi? You don't need a taxi. We will take you to the airport.
5) Really?
6) Of course! Give me your bags and let's go.
7) You are so kind.

Glossary
pleasure - serati
to honk – go letsa.
outside – ntle
taxi – taxi
to call – go letsa

Puisanyo ya bo masometharothataro

(Go fihla nako e latelang)

1) Ben, ga soka ka go botsa gore o hlaga ko kae.
2) Ke hlaga ko California.
3) Ka tsatsi le lengwe ke tlo go etela.
4) O etse jwalo hle. Ke tla go fa adrese yame ya emaili gore re kgone go nna re buwa.
5) Ke hantle, Kea leboga.
6) Ke bile le nako ye ntle mona. Ke tla bowa ke tlo go etela.
7) Ke tla be ke letile.
8) Go fihla nako e latelang mogwera.
9) Ke tla go bona llata.

Dialogue Thirty-Six
(Until next Time)

1) Ben, I never asked you where you are from.
2) I'm from California.
3) One day I'm going to visit you.
4) Please do. I'll give you my email address so we can stay in contact.
5) Awesome, thank you.
6) I had a great time here. I will come back and visit you.
7) I'll be waiting.
8) Until next time my friend.
9) See you later.

Glossary
to visit – go etela
email – emaili
connected – kopane
awesome – hantle
until – go fihla
later - llata

Puisanyo ya bo masometharosupa

(Go bowela gae)

1) Hela Ben! Ke thabile go go bona ele tota.
2) Hela Tokello. Lenna ke thabetse go go bona.
3) E ne e ele jwang leeto la gao?
4) Le ne le le hantle fela! Ne o nepile ka tso tsohle. Ke kopane le monna o lokileng a nang le lelapa le le ntle.
5) Ke go bolelletse! Ga ke itsi gore gobaneng o ne o tshogile ga kanangkanang.
6) Ibile ba ndumeletsi go nna le bona.
7) Ba lokile ele tota.

Dialogue Thirty-Seven
(Returning Home)

1) Hey Ben! I'm happy to see you.
2) Hey Tokello. I'm happy to see you too.
3) How was your trip?
4) It was amazing. You were right about everything. I met a really nice man with a wonderful family.
5) I told you! I don't know why you were so nervous.
6) They even let me stay with them.
7) How kind of them.

Glossary
trip – leeto
to meet – go kopana
man – monna
wonderful – ntle
family – lelapa

This book is available in the following translations:

Kurdish

Tswana (Setswana)

Kinyarwanda (Rwanda)

Georgian

Mingrelian

Zaza (Zazaki)

Mongolian

***

Made in United States
Orlando, FL
07 July 2022

19524879R00050